Ina G. Sommermeier

LA BONNE ASSIETTE DU CAVALIER

Pour améliorer son équilibre

De Vecchi

Sommaire

Remarques avant de monter

Un nouveau livre sur l'assiette ? Après tout, s'asseoir, nous connaissons bien : devant la télévision, à l'école, au volant de notre voiture, au bureau, etc. Chaque style de monte à cheval nécessite une posture différente, comment donc définir ce qu'est une « bonne » assiette parmi toutes ? Le plus petit dénominateur commun de toutes les éruditions équestres est la nécessité pour le cavalier d'avoir une assiette détendue et équilibrée. Une fois que vous avez acquis les connaissances de base, vous pouvez vous entraîner et vous diversifier dans la discipline équestre de votre choix. L'assiette n'est pas une posture rigide, pas un modèle unique, mais dépend de chaque personne et des conditions dans lesquelles elle monte. Et elle est modifiée encore toutes les secondes.

La « bonne assiette » agit et réagit, guide le cheval et suit son mouvement – le cavalier apprend à faire un effort du point de vue physique, apprend à « prendre le contrôle ». Ce qui, tour à tour, lui apprend bien plus que de juste « s'asseoir » correctement.

La statue équestre – exercices sur un cheval à l'arrêt

« S'asseoir » dans la vie de tous les jours, que ce soit de façon contractée ou relaxée, diffère notablement de la position assise sur un cheval.

Tout le monde parle de l'assiette : l'apprendre, la corriger, s'exercer pour l'améliorer, monter, s'asseoir profondément dans la selle, l'assiette en dressage, l'assiette au saut d'obstacles ; qu'y a-t-il de si difficile à s'asseoir sur le dos d'un cheval ? N'avons-nous pas appris à nous asseoir dès notre plus jeune âge ?

Exercice « S'asseoir de façon consciente »

Asseyez-vous sur tous les meubles disponibles : une chaise de cuisine, un meuble de bureau, un sofa, sur le bord d'un lit, sur le siège d'une voiture, sur le bord de la table, sur un tabouret de bar, sur une ballon de gymnastique – peut-être pouvez-vous trouver d'autres endroits encore. Étudiez la posture que votre corps adopte, quelle valeur a l'angle formé par votre buste et vos cuisses, quel est dans chaque cas le poids supporté par les cuisses, par les pieds ?

Une position assise que personne ne peut garder bien longtemps.

La prochaine fois que vous vous mettrez en selle, pensez à prendre une minute avant tout déplacement. Mettez-vous dans la bonne position : droit, équilibré, confiant, correct. À quelle vitesse l'artiste devrait-il travailler ? Vous ne seriez pas autorisé à bouger, et devriez rester complètement immobile. Combien de temps seriez-vous capable de garder cette position ?

Exercice « Statue équestre I »

Imaginez que vous posez pour la création d'une grande statue équestre en bronze. Comment aimeriez-vous être immortalisé ?

Si vous acceptez de faire cet exercice, vous espérez sûrement que l'artiste finira sa création rapidement – et que vous serez autorisé à bouger de nouveau. Maintenant, demandez à quelqu'un de faire avancer votre cheval au pas et concentrez-vous sur les sensations liées à l'assiette. Pouvez-vous sentir à quel point le mouvement du cheval affecte votre assiette, et la perturbe probablement ? Vous avez sûrement ressenti cela, et l'exercice l'aura confirmé : notre conception habituelle de la position assise ne nous aide pas du tout, une fois sur un cheval. Les idées préconçues et les expériences physiques qui peuvent être liées au terme « s'asseoir » ne mènent nulle part lorsqu'il s'agit d'équitation. Sur le plan musculaire, « s'asseoir » engendre une posture relativement passive du corps. L'axe du corps est plus ou moins incliné, votre centre de gravité est déplacé derrière la verticale, et soutenu par le fessier. Tant que le cheval reste tranquille, on peut se plier de façon correcte avec un peu de pratique, et même se rapprocher de la « bonne assiette ». Cependant, dès que le cheval commence à bouger, notre expérience physique du corps qui fait la relation avec le terme « assise » ne suffit plus. À ce moment, le corps, dans un mouvement de réflexe en l'occurrence très difficile à contrôler, prend soin de sa propre sécurité. Nos muscles se crispent et nos bras et nos jambes tentent de se cramponner – cause de nombreuses fautes liées à l'assiette.

Exercice « Jouer à la balle en position assise »

Trouvez des volontaires pour faire cet exercice avec vous. Asseyez-vous sur des tabourets et commencez à jouer au ballon. Envoyez la balle de plus en plus vite et avec moins de régularité. Combien de temps allez-vous être capables de rester assis ?

Kathryn recherche la sensation « debout au-dessus de la selle » sur le cheval.

Exercice « Statue équestre II »

Imaginez encore que vous posez pour la création d'une statue équestre en bronze. Cette fois-ci, prenez une position confortable et imaginez-vous debout au-dessus de la selle. Essayez : asseyiez-vous confortablement – gardez en tête l'idée que vous êtes debout au-dessus de la selle en conservant votre posture. Alternez « assis » et « debout » quelques minutes. Seriez-vous capable à présent de rester immobile comme un modèle pour une durée plus longue ? Que se passe-t-il si quelqu'un prend le cheval et le fait avancer au pas ?

Cette cavalière met en pratique le changement de posture assis/debout.

Vous avez pu l'expérimenter lors de l'exercice : quand nous réagissons, quand nous voulons aller plus vite, nous nous mettons presque automatiquement debout. Et c'est la clé pour développer une posture active et réceptive sur le cheval : le concept d'être debout au-dessus de la selle.

Exercice « Debout au-dessus de la selle »

Oubliez un instant tout ce que vous avez pu apprendre à propos de la bonne assiette. Essayez de prendre une position confortable – et imaginez-vous debout. Prenez la position dans laquelle, si le cheval venait à se volatiliser d'un coup, vous atterririez facilement par terre sur vos deux pieds, en restant droit.

Si cela vous tente, vous pouvez fondre cet exercice avec celui que vous avez tenté précédemment.

Stéphanie a une bonne assiette.

La position du cavalier est de façon générale appelée « assis dans la selle ». Nous continuerons à utiliser cette expression. Ce qui est important, c'est de différencier le terme « assis » de l'idée préconçue qu'on s'en fait et qui induit en erreur en équitation, et de plutôt remplacer cette idée par des images qui aident à la monte et qui génèrent des réactions automatiques du corps très utiles.

Les critères d'une bonne assiette

À présent, comparez votre assiette dérivée du concept de « debout au-dessus de la selle » avec les critères qui déterminent une bonne assiette.

- La ligne verticale : épaule-hanche-talon.
- Le fessier repose dans le creux le plus profond de la selle, le poids est réparti de façon égale sur chaque fesse et sur les muscles internes de la cuisse.
- Les pieds sont placés sous le centre de gravité du cavalier.
- Les pieds sont dans les étriers et plus ou moins parallèles au corps du cheval.
- Les talons sont les points les plus bas.
- La colonne vertébrale est droite dans sa position naturelle en S, précisément au-dessus du centre de la selle.
- Le port de tête est naturel et droit.
- Les épaules sont naturellement en arrière, sans tension.
- Les bras pendent, légèrement en avant de la ligne verticale, et tombent naturellement le long du corps.
- Les mains sont fermées en poings, mais sans être serrées.
- L'avant-bras, la rêne et la bouche du cheval forment une ligne droite.

L'assiette dynamique – la notion d'équilibre

À présent, nous devons transposer les expériences faites sur le cheval à l'arrêt sur un cheval en mouvement. Monter à cheval est par définition une activité de déplacement dans l'espace et dans le temps.

Exercice « Comment le mouvement influe sur le corps ? »

Asseyez-vous dans la selle de façon détendue. Si nécessaire, tenez-vous au pommeau, ou à une petite anse nouée aux anneaux de fixation situés à l'avant de la selle, bien connue sous le nom « dragonne d'urgence ». Essayez de rester aussi passif que possible. Laissez quelqu'un mener votre cheval en main au pas à une allure énergique. Quelles forces influencent votre corps ? Dans quelles directions votre équilibre est-il contrarié ? Et quels muscles devez-vous utiliser pour revenir à votre position de départ ?

Il est important, pour les exercices des chapitres suivants, que le cheval marche au pas de façon énergique. De votre côté, vous pouvez monter avec les rênes relâchées ou demander à un assistant de vous mener en main ou de vous longer, afin vous concentrer sur ce que vous ressentez. Vous pouvez vous créer un espace dans lequel vous pouvez apprendre et essayer plusieurs choses. Plus vous vous sentez en sécurité, plus vous pouvez entrer dans le jeu de la relaxation et de la préparation et ainsi partir à la découverte des secrets de l'équilibre. Plusieurs facteurs peuvent influencer les muscles du corps: les expériences, les intentions, les attentes, les peurs. Il nous est impossible de les ressentir toutes de façon consciente. Bien sûr, vous pouvez faire l'exercice sans vous tenir avec les mains. Cependant, en vous tenant, vous donnez à votre monture l'information que vous gérez votre propre corps, qu'elle peut se sentir en sécurité. Du moment que vous avez une prise, les jambes peuvent se relâcher et être libres de ressentir.

L'assiette - Le fessier

La base de notre habileté équestre est le contact direct entre notre corps et la selle ou le dos du cheval. C'est là où le poids est concentré; et c'est là que nous pouvons acquérir la même sécurité que celle que nous ressentons dans la position debout au sol.

Stéphanie montre en exagérant à quelles forces le cavalier est soumis lorsque le cheval commence à marcher.

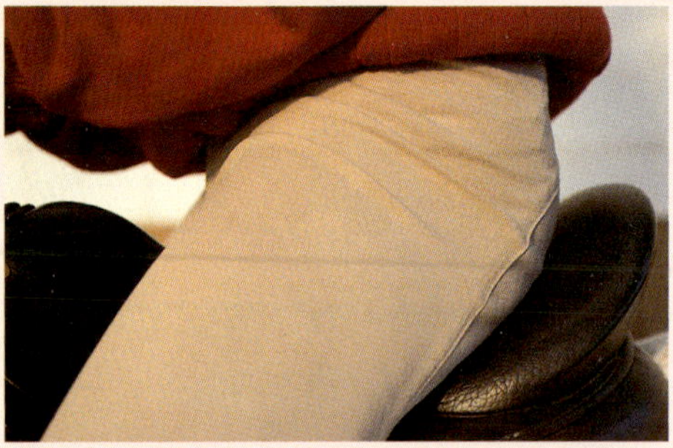

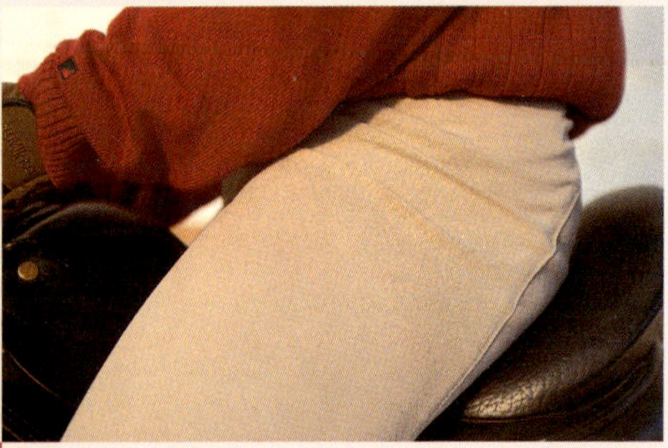

La tension exercée sur les muscles de la cuisse fait lever les fesses hors de la selle ; le cavalier s'assoit profondément dans la selle lorsqu'il les relâche.

Vous pouvez pratiquer ces exercices les uns après les autres ou les alterner, et vous vous rendrez compte que votre position dans la selle s'en verra changée. Vous vous enfoncerez plus « profondément dans la selle ». Si vous vous concentrez sur vos sensations, vous vous rendrez compte que la pression du poids de votre corps est concentrée en deux points : les deux tubérosités ischiatiques (plus communément connues sous le nom d'ischions). Ces petites protubérances osseuses mesurent approximativement 4 ou 5 cm de long et se trouvent au point le plus bas de la ceinture pelvienne en forme de petits basculeurs. Étant donné que nous faisons rarement attention à eux dans la vie de tous les jours, la plupart d'entre nous ne

Le cavalier s'assoit profondément dans la selle lorsqu'il les relâche muscles de la cuisse.

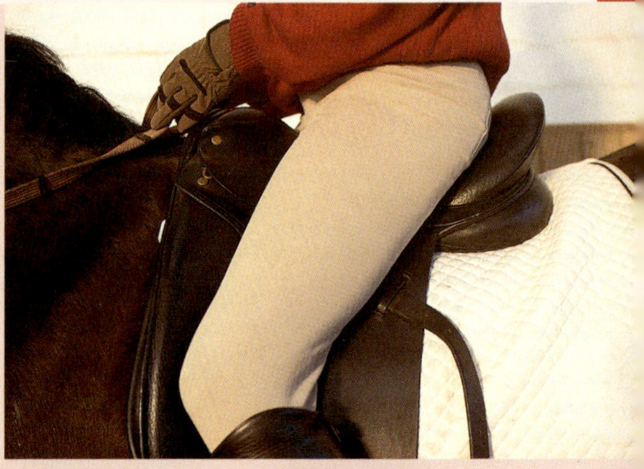

Exercice « Sentir la selle »

Au début, concentrez-vous sur la pression qui se développe entre la selle et le corps. Ensuite, serrez les fesses fermement, gardez la position un instant puis relâchez les muscles. Si vous voulez, vous pouvez faciliter le relâchement en expirant simultanément. Puis tendez et relâchez vos muscles plusieurs fois. De quelle manière ces exercices changent-ils le contact que vous avez avec la selle ?

S cet exercice ne donne aucun résultat, qu'importe, essayez le suivant :

Exercice « Tendre les cuisses »

Relevez légèrement vos genoux et tendez les muscles des cuisses aussi fort que possible. Puis, comme auparavant, relâchez les muscles et expirez en même temps. Recommencez deux ou trois fois.

Exercice « Apprendre à connaître les ischions »

Asseyez-vous sur votre cheval et relaxez-vous autant que possible (souvenez-vous, nous tenons debout par-dessus la selle). Laissez vos jambes pendre de chaque côté et continuez de respirer normalement. À présent, rentrez légèrement le ventre et relaxez-vous encore. Rentrez le ventre encore une fois, plus particulièrement sa partie basse, sous le nombril. Maintenant relaxez-vous encore. Quand vous rentrez le ventre encore une fois, donnez-lui un peu d'espace à l'arrière en faisant un mouvement évasif de la colonne vertébrale. Relaxez-vous à nouveau et la colonne suivra en avançant. Durant cet exercice, les muscles fessiers restent complètement détendus et bougent à peine de manière à ne pas bloquer les mouvements d'avant en arrière.
Aussitôt que ce mouvement vous semble facile à exécuter, commencez à le ressentir à travers les petits basculeurs, les tubérosités ischiatiques. Basculez doucement d'avant en arrière sur ces dernières.
C'est un exercice que vous pouvez aussi pratiquer sur le bord d'une chaise ou d'une table. Veillez principalement à ce que vos jambes restent détendues.

savons même pas qu'ils existent. Peut-être ne les trouverez-vous pas du premier coup.

Vous devriez développer une certaine connaissance de cette partie de votre corps. Vous vous rendrez vite compte que vous pouvez vous balancer tout d'abord d'arrière en avant, puis dans toutes les autres directions. Et plus vous serez flexible dans cette zone, plus il vous sera facile de suivre les mouvements du cheval. Se balancer sur les petits basculeurs, s'équilibrer sur les ischions est la clé d'une assiette détendue et bien équilibrée.

La mobilité du bassin, cependant, est relativement susceptible d'interférer :

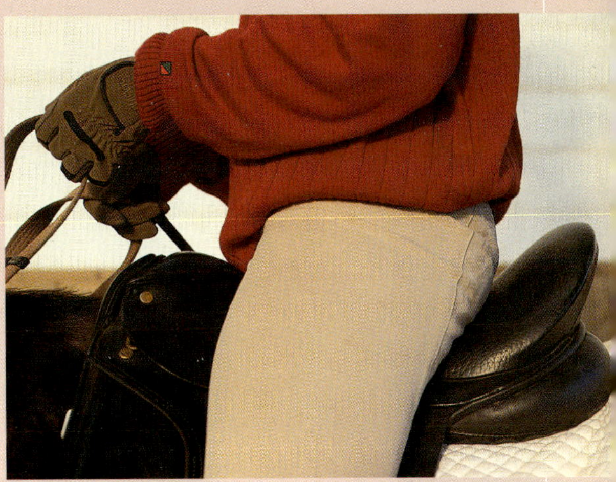

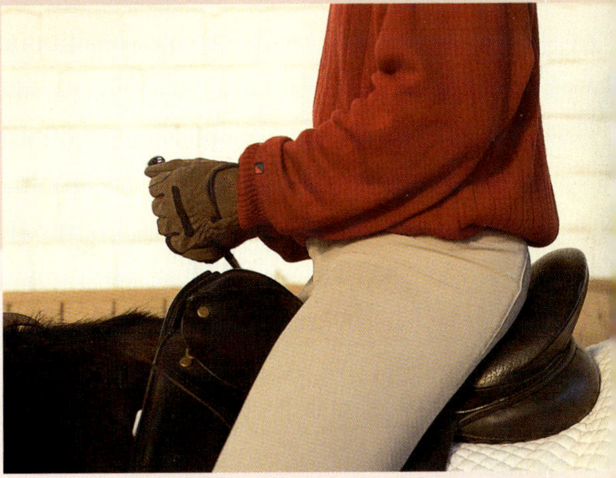

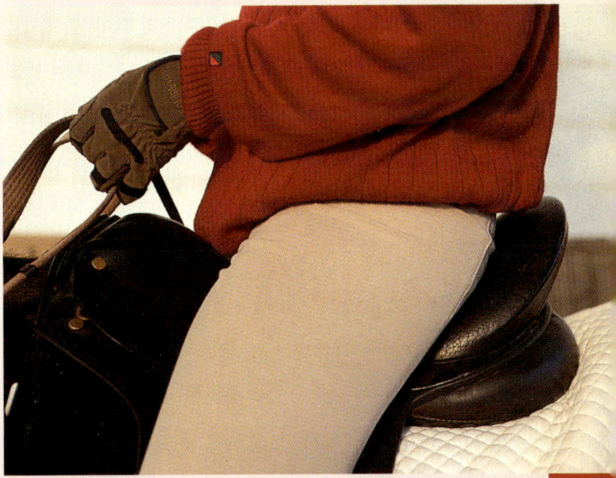

Pour « apprivoiser » la pointe des ischions : asseyez-vous sur la partie avant des basculeurs et vous allégez le poids sur le dos du cheval ; bougez en arrière du centre, sur la partie postérieure des basculeurs et vous augmentez la pression sur le dos du cheval.

Étape 1.
Essayez d'abord des postures extrêmes.

Exercice « S'extraire »

Concentrez-vous sur le balancement en arrière et en avant sur les petits basculeurs et:

- *Contractez les muscles fessiers.*
- *Ou creusez le dos.*
- *Ou cramponnez-vous avec vos jambes.*
- *Ou serrez les cuisses.*

Quel est l'effet de ces actions sur votre mobilité ?

Exercice « Posture droite »

Pliez le haut du corps en avant, jusqu'à ce qu'il touche presque l'encolure du cheval. Puis, allongez-vous sur le dos le plus en arrière possible (tenez-vous bien pour cette étape). Bougez d'arrière en avant entre ces deux positions, et diminuez la longueur des déplacements chaque fois. Vous aurez la sensation d'avoir trouvé la position « droite » en un point situé entre la position allongée en avant sur l'encolure du cheval et celle en arrière sur le dos aussi loin que possible. Mais il ne faut pas se satisfaire de cette position; testez cette ligne verticale en bougeant légèrement d'arrière en avant, essayez et vérifiez – jusqu'à ce que vous ayez l'impression d'être complètement en équilibre entre la position en avant et celle en arrière, en équilibre entre la contraction des muscles du ventre et ceux du dos. À présent, vous serez toujours capable de ressentir cette sensation de « droit ». Plus vous pratiquerez cet exercice, plus il vous sera facile de retrouver cette position.

Le dos

Nous en faisons l'expérience lorsque nous cambrons le dos: sa posture influence la base de notre mobilité. On nous apprend que nous devrions nous « tenir droit ». Mais que veut dire exactement « droit » ? C'est différent de la « rigidité », qui entraîne une cambrure de dos. Seule une correction venant de l'extérieur peut vous aider à court terme.

Cet exercice peut être adapté de maintes façons: chaque personne a sa propre perception de ce que veut dire « droit », « vertical », « en équilibre ». Il faut développer ces sensations pour acquérir un ressenti plus objectif, ainsi vous trouverez « vos marques », liées à votre posture, et mettrez ces marques en rapport avec vos propres conditions psychologiques et physiques.

Étape 2.
En bougeant entre les extrêmes…

… nous trouvons la place en or.

Exercice « Le dos droit »

Avec la même approche que dans l'exercice précédent, remplacez à présent l'action de cambrer le dos par celle de vous recroqueviller sur la selle. Là aussi, réduisez l'amplitude des mouvements jusqu'à ce que votre dos soit en équilibre entre la position en avant et celle en arrière.

Kathryn nous montre ce que sont un dos cambré et un dos recroquevillé à l'extrême sur la selle.

Les cavaliers se plaignent souvent, et particulièrement après un cours, du mal de dos. Le mal de dos est dû à un excès de tension des muscles. Cet exercice peut vous soulager, voire vous éviter le mal de dos. Il peut être aussi utilisé pour trouver l'équilibre entre la droite et la gauche : pivotez simplement vers la droite aussi loin que possible, puis vers la gauche ; vous trouverez, en conséquence, la position centrale.

Eli balance la tête de haut en bas. Pour faire cet exercice, elle crée un axe imaginaire avec ses index, autour duquel elle bouge la tête.

Comme nous sommes actuellement en train de découvrir notre équilibre afin de trouver notre centre de gravité, nous devrions aussi nous concentrer sur l'autre extrémité de la colonne vertébrale, la tête. C'est une partie du corps avec laquelle vous pouvez aussi expérimenter les mouvements d'arrière en avant pour définir la position exacte dans laquelle la tête devient un peu comme le « point sur un i » de l'axe longitudinal. À quelle hauteur maintenez-vous le nez, le menton, votre point de fuite visuel ? Recherchez votre propre port, trouvez votre équilibre interne.

Avec une masse de 5 à 7 kg, la tête est un poids potentiellement utile. Si elle est penchée en avant, elle tire la masse du cavalier sur l'avant-main du cheval. Si, en revanche, son port est naturel, elle pèse sur le centre de gravité et permet une certaine surveillance ainsi qu'une perspicacité – concentration et présence.

Exercice « Prendre conscience de la verticale »

Nouez les rênes de sorte qu'elles ne glissent pas le long de l'encolure. Puis tendez les deux bras vers le ciel, joignez les mains au-dessus de votre tête, fabriquez-vous un toit sous lequel vous vous sentez à l'aise. Maintenez les bras en l'air et en avant de manière à avoir juste à lever les yeux pour voir la paume de vos mains. (Important: regardez bien vos paumes, et non pas le toit du manège ou autre – cela vous donnerait très vite mal au cœur!) Maintenez cette position un petit moment, puis relâchez vos bras en faisant des rotations en douceur. Vous pouvez reprendre immédiatement la position précédente – faire un toit – puis faire à nouveau des rotations avec les bras. Remarquez de quelle manière vous êtes profondément assis dans la selle – sans pour autant avoir modifié votre posture de façon significative !

Cet exercice vous aide à prendre conscience de la verticale.

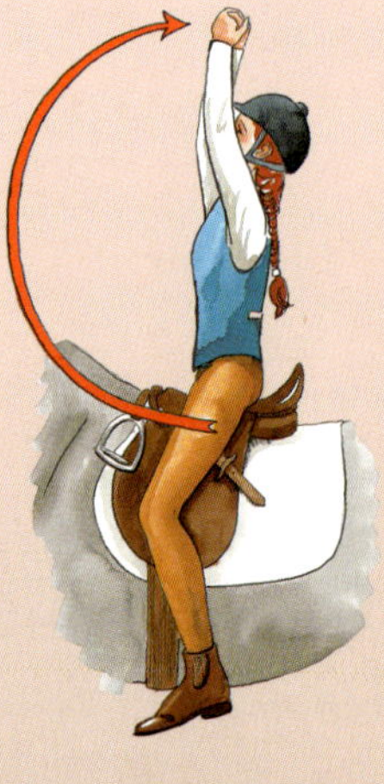

L'assiette - Les jambes

Notre poids se répartit de façon égale au niveau des ischions mais aussi au niveau de la face interne des cuisses. Par ailleurs, si sans faire exprès vous vous cramponnez à votre cheval, vous bloquez la mobilité de votre bassin, et vous vous levez en dehors de votre selle, au lieu de rester ancré et stable dans celle-ci. Plus nous sommes familiers des processus de mouvement depuis le dos d'un cheval, plus il est facile de relaxer nos jambes.

Un des moyens les plus rapides d'y parvenir est d'utiliser ses mains pour se tenir à quelque chose. Un autre moyen est d'éliminer les effets des muscles crispés en tournant avec précaution les jambes vers l'intérieur, à partir de la hanche et sur toute leur longueur. De nombreuses personnes, du fait d'un problème de posture, ont les muscles du torse contractés, ce qui signifie qu'au début ce mouvement tend à leur faire cambrer le dos. Les tubérosités ischiatiques, la verticale, la tête, les jambes, et la posture de la tête aux orteils dans son ensemble doivent toujours rester proprement liées. Pour que vous continuiez à trouver du plaisir avec tout ce qui doit être pris en considération, voici à présent un exercice qui nous rappelle que notre objectif principal une fois en selle est de nous amuser:

Attention

« Tourner les jambes vers l'intérieur évite de cambrer le dos ». Veillez bien à ce que votre dos reste mobile et à bien sentir vos ischions ! Pour commencer : tournez juste les jambes légèrement vers l'intérieur. Puis corrigez votre position, relâchez-vous en faisant un peu de gymnastique, et avec le temps, travaillez votre recherche d'extension idéale.

Exercice « Caricatures »

Oubliez un instant tout ce que vous savez, et prenez tout simplement plaisir à vous asseoir sur votre cheval, à vous laisser porter. Puis relevez assez haut les genoux et les talons, asseyez-vous sur votre cheval comme vous ne pourriez pas le faire autrement que dans cette position. Votre tête ? Laissez-la tomber en avant. Et comment cambrer aussi le dos ? Voyez-vous comment les caractères de dessins animés sautent des barrières ? Eh bien, faites comme eux ! Ou asseyez-vous dans votre selle en donnant l'impression de tout savoir. Ou faites semblant d'avoir peur.
Exagérez tout (toute similitude avec un personnage ayant existé est purement fortuite !). Laissez votre imagination vagabonder, essayez tout ce que à quoi vous pouvez penser.
Puis détendez-vous et soyez à nouveau vous-même. Comment vous sentez-vous à présent ?

Caricatures – n'oublions pas : monter est un plaisir !

Communiquer avec le dos du cheval – ressentir le mouvement

La marche

Après nous être occupés de notre propre condition physique, après avoir expérimenté des positions et les avoir ressenties à l'intérieur de nous-mêmes, nous allons à présent nous occuper du contact avec le dos du cheval et considérer les échanges entre le cheval et le cavalier.

Exercice « Que se passe-t-il sous la selle ? »

Laissez votre cheval marcher quelques tours dans le manège avec les rênes lâches, détendez-vous dans votre selle, et cette fois, oubliez tout ce que vous avez appris à propos de l'ordre dans lequel les jambes du cheval se déplacent.

- *Que ressentez-vous sous la selle ?*
- *Comment décririez-vous cela à un enfant ?*
- *Imaginez-vous une image pour décrire cette sensation ?*
- *Y a-t-il des différences entre la gauche et la droite ?*

Certains cavaliers décrivent ce mouvement comme une « vague » qui roule de gauche à droite et inversement, d'autres utilisent l'image d'un vélo, d'une colline ou d'une vallée. Chacun a sa propre image. J'utiliserai le terme « vague », mais vous pouvez le remplacer par celui qui vous correspond le mieux.

Exercice « Jouer avec le dos du cheval »

Le prochain exercice consiste à jouer avec les mouvements qui arrivent d'en bas. Essayez de créer un passage pour les vagues qui arrivent, une fois sur votre droite, l'autre fois sur votre gauche. Laissez vos hanches faire des petits cercles, d'abord dans une direction puis dans l'autre.

L'expression « s'asseoir profondément dans la selle » ne veut pas dire s'affaler dessus. Si vous faites cela, vous allez vous rendre compte que le bassin se crispe, les jambes se raidissent – et toutes les sensations des mouvements du dos du cheval disparaissent. Vous trouverez la clé du « profondément dans la selle » dès que vous aurez capitulé avec le rythme du mouvement du cheval.

Comment arriver à faire en sorte que notre bassin soit assez mobile pour qu'il se déplace en harmonie avec le dos du cheval ? Joni Bentley propose une bonne image pour développer cette agilité.

Exercice « Monter avec des pieds de canard »

Imaginez que vos deux tubérosités ischiatiques ne sont pas de simples petits basculeurs, mais de larges pieds de canard, posés bien en face, sur les côtés droit et gauche de la selle. Essayez de danser ainsi transformé sur le dos du cheval.
Si vous voulez, vous pouvez pousser plus loin cette image.

Exercice « Les pieds de canard en rythme »

Imaginez que vous pédalez sur un vélo avec vos pieds de canard, en suivant le rythme du dos du cheval. Quelle est l'action qui se rapproche le plus du mouvement venant de dessous : pédaler en avant ou en arrière ?

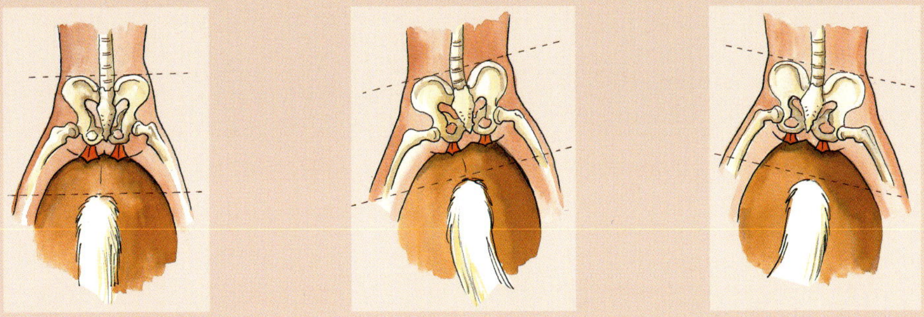

Imaginez que vous montez à cheval avec des pieds de canard.

Exercice « Conversation entre le dos du cheval et les pieds de canard »

Une fois le rythme du cheval adopté, pédalez progressivement de moins en moins vite – seulement une petite seconde en dessous du rythme du dos du cheval, puis encore une petite seconde en dessous. Recevez-vous une réponse du cheval ? Change-t-il de cadence ?

Pendant ces exercices, nous ne nous sommes pas occupés de nos jambes. Le moment de le faire est arrivé.

Exercice « Que se passe-t-il avec les jambes ? »

Veillez à ressentir exactement ce qui se passe : Comment réagissent vos jambes lorsque vous pédalez sur votre vélo avec des pieds en canard ? Tombent-elles naturellement ? Est-ce que leur position change ? Comment est le contact entre les jambes du cavalier et les flancs du cheval ? Une fois que vous aurez acquis le sens du rythme, vous ressentirez ce même rythme au niveau des jambes : vous devez simplement ressentir de façon intense, et ne pas être désorienté en essayant d'analyser l'ordre dans lequel les jambes du cheval se déplacent. Pour être précis, chaque fois qu'un pied en canard se déplace vers le haut, l'autre pied s'enfonce – et la jambe du cavalier correspondant à ce dernier est très légèrement attirée contre le flanc du cheval : une fois à droite, une fois à gauche. Les livres sur l'équitation appellent cela « emploi alternatif des aides des jambes ». Pour moi, l'image « des jambes du cavalier qui suivent le mouvement respiratoire du cheval » est plus parlante.

Stéphanie exagère pour le photographe – son cheval réagit avec un peu d'irritation. Notez de quelle manière la jambe du cavalier tombe contre le flanc du cheval, quand le postérieur du même côté bouge en avant.

Exercice « Des jambes de cavalier qui suivent la respiration du cheval »

Dans le but de nous relaxer, nous allons à présent aborder un exercice au sol. Descendez de cheval, laissez les étriers pendre et demandez à quelqu'un de mener le cheval en ligne droite en s'éloignant de vous. Restez debout derrière le cheval: observez la manière dont les étriers heurtent ses flancs à chaque pas. Cela correspond exactement à la dynamique de vos jambes.

Si vous arrivez à sentir vos jambes se balancer contre les flancs du cheval de la même façon que ce que vous avez pu observer avec les étriers à partir du sol, vous êtes sur le point d'acquérir une assise détendue. Ce qui, d'ailleurs, explique pourquoi on dit que « le cheval lui-même rassemble ses aides pour avancer ». Avez-vous remarqué que l'étrier heurte le flanc du cheval exactement au moment précis où le postérieur du même côté se lève?

Et comme nous sommes en train de communiquer avec le dos du cheval, observez aussi son oreille pendant que votre jambe suit son mouvement respiratoire. Pour être encore plus clair, exercez une pression légère de la jambe contre le flanc concerné. Eh oui! Le cheval va bouger l'oreille vers vous, du côté où la pression a été exercée. Quelquefois il réagit juste de la pointe de l'oreille, comme s'il ne vous avait pas bien entendu. Parfois aussi – en particulier quand tout se déroule en douceur –, vous pouvez noter la manière dont le cheval tente d'ignorer la pression. Dans ce cas vous pouvez insister un peu plus fort! Et nous avons là une image impressionnante: nous sommes capables de « parler » avec le cheval en utilisant notre corps!

Jusqu'ici, nous avons fait les exercices uniquement au pas, et avons eu le temps de ressentir la motricité et de nous concentrer sur ce sujet. Avant de transposer nos expériences au trot et au galop, nous devrions faire une petite pause et nous ressourcer afin que notre esprit soit en pleine possession de ses facultés d'analyse.

Ce qui va suivre est vrai pour la communication entre le cheval et son cavalier: les aides qui mettent le cheval en avant l'atteignent uniquement si elles agissent au moment où sa jambe postérieure quitte le sol. Comment, par conséquent, le cavalier peut-il deviner quand ce fait se produit? Pour les exercices précédents, nous avons reçu des conseils précieux: lorsqu'un cheval pose un postérieur au sol, une vague musculaire est créée et s'arrête aussitôt que le cheval lève sa jambe à nouveau. C'est précisément à ce moment que la jambe du cavalier est attirée contre le flanc du cheval. La légère pression qui est générée par ce contact (ou est volontairement accrue) donne au postérieur en train de se lever l'impulsion nécessaire pour se propulser en avant.

De telles corrélations forment la base du dialogue physique entre le cheval et le cavalier, dialogue qui doit devenir de plus en plus précis.

Le trot

Tout comme l'image de « se tenir droit par-dessus la selle » sur un cheval à l'arrêt nous a aidés à acquérir une posture appropriée, il semblerait logique de comparer aussi l'assiette en mouvement avec l'image du mouvement – marcher, courir et sautiller. En fait, il y a en effet de nombreuses similitudes entre monter à cheval et marcher, c.-à-d. avancer sans cheval. Vous redécouvrirez au trot les mouvements du dos du cheval que nous connaissons déjà au pas. Cependant, le dos du cheval pousse à présent ou plutôt « pousse le cavalier vers le haut », ce

En se conformant au concept « se lever et s'asseoir », la cavalière en vient à des mouvements excessifs et agit en retard par rapport au rythme du cheval.

qui veut dire qu'il provoque d'importants soubresauts. Il faut reconquérir la sécurité et la liberté.

En principe, tous les exercices appris au pas vous serviront. Vous devez d'abord néanmoins soulager votre colonne vertébrale : tenez-vous à la selle et détendez votre colonne, puis voyez si vous pouvez entrer en phase avec le rythme du cheval. Laissez le mouvement du cheval vous bousculer un peu et essayez de danser sur son dos avec les « pieds en canard » : droite-gauche-droite-gauche. En comparaison avec la marche, les « pas de danse » au trot sont bien plus petits.

Le trot enlevé

Cependant, avant que votre dos se crispe complètement, pratiquez le trot enlevé. Durant ce trot, vous bougez avec le dos du cheval : ni à droite ni à gauche, mais de haut en bas. Les mouvements ascensionnels du cavalier deviennent souvent excessifs et ce dernier va progressivement prendre du retard par rapport au mouvement du cheval – et par conséquent perdre le dialogue avec lui. Conclusion, un exercice supplémentaire !

Exercice « Dialoguer au trot enlevé »

Le mieux est d'oublier le concept de « se lever et s'asseoir ». Concentrez le mouvement dans la zone du bassin et essayez de rester près de la selle. Ensuite, vous devez passer de l'état passif à un état actif : essayez d'utiliser le concept dans lequel vous pensez au mouvement descendant lorsque vous vous levez, et au mouvement ascendant lorsque vous vous asseyez.

En se conformant au concept « alléger et mettre le poids en arrière », la cavalière reste en rythme et en contact avec le cheval.

Oh ! au fait, lorsque vous pratiquez le trot enlevé, vous devez toujours mettre vos pieds dans les étriers, sinon l'exercice se transforme en un acte de bravoure. Pour les exercices que je vous ai proposés jusqu'à présent, c'est une question de goût et tout dépend si vous préférez monter avec ou sans étriers. D'un côté les étriers offrent au cavalier un appui et par conséquent une sensation de sécurité. De l'autre, il y a un danger lorsque le cavalier a tendance à se lever sur les étriers et à se tenir avec les jambes. À moins d'avoir des jambes relaxées, même des étriers bien ajustés tendront à devenir trop longs, les pieds du cavalier auront eux tendance à essayer de garder les étriers fixes, et par conséquent le cavalier perdra le contact avec les ischions.

Cependant, le rôle des étriers ne doit pas être surestimé : ils offrent au cavalier un léger support. Le contact des genoux et des mollets avec les flancs du cheval ou les quartiers de la selle constitue la véritable tenue du cavalier. Au trot enlevé, on peut pencher légèrement le haut du corps en avant – et, jusqu'à ce que le cavalier ait acquis une assiette sûre, il peut s'appuyer avec les mains sur l'encolure du cheval.

D'ailleurs, il vous sera plus facile de trouver votre équilibre si vous regardez la trajectoire que vous suivez. Certains cavaliers contrôlent les mouvements du trot enlevé en fixant l'épaule du cheval, et se relèvent lorsque « l'épaule extérieure avance ». Cette méthode n'est pas incorrecte mais très gênante : elle tend à développer la faculté de contrôler les mouvements avec ses yeux, et à ne croire que ce qu'on peut voir. Ce qui fait qu'on s'éloigne de ses sensations physiques, et qu'on perd le contact avec les membres postérieurs du cheval. « Montez votre cheval en avançant et montez-le droit » : cette célèbre citation de Gustav Steinbrecht ne peut être mise en pratique que si vous êtes en contact avec les membres postérieurs du cheval. L'exercice suivant vous aidera à réveiller votre « système sensoriel somatique » et vous apprendra à percevoir ce contact.

Exercice « Trot enlevé sur les postérieurs »

Demandez à quelqu'un de longer votre cheval et tenez-vous à votre selle avec vos mains. Si vous pouvez, fermez les yeux. Sinon fixez un point éloigné (lampe, poteau, arbre) que vous suivrez du regard pendant que tournez. « Correct » ou « incorrect » ne veulent plus rien dire, la seule chose qui compte à partir d'aujourd'hui est que votre mouvement soit en harmonie avec celui de votre cheval – et ce que votre corps ressent à ce moment.

La personne qui longe votre cheval demande à celui-ci de trotter. Trottez enlevé. Après quelques foulées, changez de diagonal. Qu'y a-t-il de différent à présent ? Faites correspondre vos sensations corporelles avec celles perçues sur l'autre diagonal. Après encore quelques foulées, changez de nouveau de diagonal. Ressentez-vous les mêmes choses que durant les premières foulées ? Est-ce différent ?

Puis changez encore de diagonal. Quel mouvement est le plus facile à stabiliser, le premier ou le second ?

À présent changez de diagonal un peu plus vite, toutes les trois ou quatre foulées. Essayez de résumer les sensations que vous ressentez dans votre corps, par exemple « quel diagonal est le plus facile à reconnaître ? » Jouez avec votre poids.

Au trot enlevé, quelle influence est exercée sur le corps quand vous êtes sur le diagonal le plus « facile », si vous déplacez le poids de votre corps vers l'intérieur du cercle ? et si vous le déplacez vers l'extérieur ? Et seulement maintenant, après vous être familiarisé avec vos perceptions, essayez de demander à votre corps de vous signaler à quel moment le postérieur intérieur du cheval avance.

Cet exercice doit être effectué avec les deux rênes. Vous développerez alors une appréciation du bon mouvement, et très vite vous n'aurez plus à entendre les cris de l'instructeur : « Mauvaise jambe ! »

L'exercice suivant au trot enlevé est très utile dans les cas où :

- Des mouvements non équilibrés ont été observés (par exemple, être trop haut au trot, s'asseoir trop brutalement).
- Des mouvements ascendants et descendants sont trop mécaniques et ne permettent plus de retrouver le rythme du dos du cheval.
- Le cavalier, au trot enlevé, se sent incapable de contrôler son cheval comme il a l'habitude de le faire.
- Certains chevaux ont quelquefois des difficultés à se détendre au trot enlevé.

Vous pouvez essayer l'exercice à la longe, lorsque vous montez seul, ou durant chaque promenade :

Exercice « Abandonner ses habitudes »

Normalement, vous vous levez et vous vous asseyez au trot enlevé à chaque temps. À présent, jouez avec ce rythme, restez assis durant une foulée, restez droit durant deux, puis inversez le tout : restez assis sur deux foulées et debout sur une foulée. Cela devient plus difficile lorsque vous restez assis durant trois foulées ou debout pendant deux foulées – ou même de deux à cinq ou de quatre à trois. Essayez toutes les combinaison auxquelles vous pourrez penser !

Cet exercice vous aidera à éliminer vos habitudes liées au mouvement et devenues routinières, à améliorer votre assiette au trot enlevé, à vous entraîner à mettre vos genoux et mollets en contact avec les flancs du cheval, et à vous concentrer – ce qui facilite la détente. Au début, le cheval sera surpris, puis il s'en trouvera soulagé et jouera le jeu de plein gré, et finalement proposera volontiers son dos pour l'entraînement.

Le trot assis

Vous pouvez développer le trot assis de la même façon ludique.

Exercice « Apprendre à s'asseoir au trot »

Démarrez au trot enlevé, restez assis pendant deux ou trois foulées, puis continuez le trot enlevé et asseyez-vous à nouveau – mais uniquement si vous parvenez à rester détendu. Repassez au trot enlevé avant d'avoir le réflexe de vous tenir, avant que le dos se tende, avant de commencer à ressentir des douleurs. Veillez toujours à ce que votre dos reste flexible, que vos jambes soient souples. Tenez-vous avec vos mains. La prochaine fois que vous serez assis, pensez aux « pieds en canard » et dansez avec eux sur les vagues qui roulent sur le dos du cheval. Laissez-vous envahir par ces vagues pendant deux ou trois foulées, recherchez le rythme, puis passez de nouveau au trot enlevé. Continuez à rester agréable avec le cheval et avec vous-même !

Eh oui, les « jambes souples » : d'un côté elles doivent rester détendues, doivent « respirer » avec le cheval, d'un autre côté elles sont supposées nous garantir une prise solide et exercer des pressions de temps à autre. Cela est possible uniquement s'il est clair dans notre esprit que nous utilisons certains muscles pour certaines tâches : contractez des groupes de muscles individuels, et relâchez-en d'autres – en opposition à « la jambe qui se cramponne », où les muscles sollicités sont ceux qui sont initialement contractés, et qu'on utilise pour se tenir. Plutôt qu'un cours d'anatomie, je vous propose un exercice :

En tendant alternativement les genoux et les cuisses de chaque côté, le cavalier réussit à « aller avec le mouvement du trot ».

Le galop

Le galop permet au cheval d'aller à sa vitesse maximum. Le cavalier associe cette allure à des images de liberté, de champs chaumés, de pirouettes et de changements de pied, mais aussi parfois à l'image d'une monture qui s'emballe.

Le galop est essentiellement une « sorte de saut », un peu une suite de sauts. Le cavalier va devoir remplacer son propre « debout » et « courir » par une l'image de « sautiller ». La sensation en provenance de dessous la selle est celle d'une grande roue unique, qui roule d'un seul côté (une fois de plus, trouvez votre propre image pour cette sensation et utilisez-la à bon escient). Si vous ressentez cette sensation du côté droit, vous êtes au galop sur le pied droit. Déplacez légèrement votre poids sur la droite, et vous ressentirez de façon plus nette le mouvement. Si la roue vous semble rouler sur le côté gauche, vous êtes au galop sur le pied gauche et vous devez déplacer votre poids légèrement sur la gauche.

Exercice « Des jambes souples »

Commencez par trotter au trot enlevé, puis asseyez-vous, veillez à garder le dos flexible et commencez à « courir » avec vos deux jambes en cadence avec le dos du cheval. Tendez les genoux et les cuisses de façon énergique dès que le dos du cheval monte sous la selle : droite-gauche-droite-gauche. Si vous voulez garder la cadence, les mouvements doivent devenir petits et rapides. Aussitôt que vous aurez trouvé le bon rythme et votre équilibre, mettez en place un mouvement selon lequel vous courrez moins vite, laissez les mouvements des jambes devenir de plus en plus fluides, jusqu'à ce qu'aucun mouvement ne puisse être détecté de l'extérieur. Enfin, ne pensez plus qu'à l'impulsion accompagnant le cheval !

Exercice « S'asseoir au galop »

Une fois de plus, laissez quelqu'un longer votre cheval. Comme dans les exercices précédents, tenez-vous à la selle, mais cette fois de façon différente : la main extérieure tient le pommeau, et la main intérieure est placée sur le troussequin.

Pouvez-vous toujours sentir vos tubérosités ischiatiques et vos « pieds de canard » ? Si ce n'est pas le cas, déplacez votre hanche interne en avant de façon à être assis sur votre selle légèrement de travers. Cette posture vous permettra de revenir en phase avec le cheval et vous aidera à suivre le mouvement. À présent, la personne qui longe votre cheval lui demande de galoper. Concentrez-vous uniquement sur le mouvement de rotation sous la selle. Assurez-vous que votre dos reste flexible et dansez sur la vague avec les « pieds de canard ».

Au galop, le cavalier suit le dos du cheval en laissant ses hanches faire des rotations en rythme avec les mouvements balançant du cheval.

Et pendant que vous apprenez à reconnaître les sensations avec votre fessier, demandons-nous : « Que se passe-t-il avec nos jambes » ?

Exercice « Les jambes du cavalier au galop »

Répétez le dernier exercice, et à présent observez vos jambes. De quelle manière bougent-elles ? Laissez la jambe intérieure suivre le mouvement dans toute sa longueur. Cette fois encore, réduisez de plus en plus l'ampleur de ce mouvement extérieur ; à la fin, une seule impulsion mentale à vos muscles suffira. La jambe souple sera tirée contre le côté du cheval, lorsque le mouvement de rotation atteint son point le plus bas.
Observez la jambe extérieure : si vous ne la forcez pas à se cramponner, mais qu'au contraire vous la laissez bouger naturellement, elle viendra toute seule contre le flanc du cheval et fera l'effet d'une barrière.

De façon à compléter ces séries d'exercices et renforcer vos sensations liées au mouvement au galop, voici un exercice supplémentaire. Il peut se faire partout, à la longe, lorsque vous montez seul, dans une carrière ou en extérieur.

Essayez aussi de transférer votre poids vers l'extérieur, de bouger le haut de votre corps en avant et en arrière, de gauche à droite, en décalage par rapport au mouvement. Que se passe-t-il avec vos jambes et bras, lorsque vous faites ces exercices ? Quelle est la puissance nécessaire et supplémentaire dont vous avez besoin pour rester en selle ?

Exercice « Communiquer avec le cheval »

Assis sur un cheval au galop, concentrez-vous sur votre dos flexible, sur votre bassin qui suit un mouvement circulaire sur un côté, sur vos jambes qui fonctionnent en coordination avec le tout, puis commencez à ralentir peu à peu vos mouvements. Il est possible que vos jambes doivent exercer un peu plus de pression sur les flancs du cheval (mais seulement un peu plus). Pouvez-vous ralentir encore sur le cercle ? Et est-ce que le dos du cheval suit votre mouvement ? À présent accélérez ; comment le cheval réagit-il ?

Les aides légères – l'utilisation de l'assiette

J'aimerais introduire le sujet des aides à travers un exemple typique, issu de ma propre expérience. Une cavalière demande à prendre une leçon car son cheval montre des difficultés à se déplacer dans le mouvement en avant. Ce cheval a été ausculté par un vétérinaire, et est en très bonne santé. Le fait de lui avoir mis une nouvelle selle n'a pas amélioré la situation. La cavalière a passé de nombreuses heures en longe à faire des exercices de mise en selle. À présent, elle monte son cheval avec des rênes lâches – légèrement crispée dans une ambiance incertaine, mais ayant l'air globalement satisfaite. Dès que je lui demande de prendre les rênes, la situation change de façon dramatique. Il est possible de résumer ce changement en quelques mots : « Le moment de détente est terminé, à présent il faut se mettre au travail. »

Cette cavalière doit apprendre qu'avoir « une bonne assiette » n'est pas une question de bien ou mal se tenir, ni un sujet à part entière. Il s'agit plutôt, d'une part, d'établir un compromis entre la relaxation, l'écoute, la réaction et les sensations, et d'autre part de savoir utiliser les informations transmises par le mouvement, de donner les impulsions et les ordres.

Dans sa première leçon elle a dû apprendre à laisser son bassin se déplacer librement. Elle doit apprendre à s'asseoir de telle façon que son assiette soit une aide à la conduite de son cheval.

Le mouvement de vague sous la selle n'est rien d'autre que les muscles du dos du cheval qui se tend alternativement du côté droit et du côté gauche. Si la cavalière s'assied de façon statique, son poids travaille à l'encontre des ces muscles et il devient difficile pour le cheval de bouger les jambes. Cependant, si la cavalière bouge son bassin, elle donnera à ces mêmes muscles plus d'espace pour se déplacer, et deviendra de ce fait une charge plus légère pour le cheval. Si tout cela est associé à des jambes qui respirent avec le cheval, le mouvement en avant du cheval – une fois engagé – sera maintenu automatiquement.

Par conséquent l'assiette du cavalier devient une aide pour le cheval. Dans les exercices suivants, vous trouverez des astuces expliquant comment l'utiliser vous-même de façon correcte, et comment comprendre la relation entre l'assiette et le cheval et influencer alors le cheval avec cette dernière.

Les aides du poids

Une chose est certaine, c'est que le poids du cavalier ne change pas beaucoup en l'espace d'une heure : ce qui se traduit par le fait qu'il est impossible de « vous rendre plus lourd » ou « plus léger ». Cependant il est possible de rendre les choses plus difficiles (« plus lourd ») ou plus faci-

Attention

« Déplacement involontaire de votre poids »
Lorsque vous transférez votre poids, restez toujours « avec vous-même », autour de votre centre de gravité !
Vous devez éviter :

- De vous pencher dans les virages.
- De plier la hanche.
- D'incliner le haut du corps sur le côté.
- De peser sur un côté de la selle ou d'essayer de vous équilibrer sur un côté.

Les erreurs les plus communes concernant la répartition du poids : Eli se penche dans le virage, Anna montre la mauvaise façon de plier la hanche.

Dominique Barbier utilise l'image d'un petit chien en équilibre les quatre pattes sur une balle, pour illustrer le bon transfert de poids (les quatre pattes peuvent être comparées à l'avant et à l'arrière des ischions basculeurs).

Eckart Meyners suggère au cavalier d'imaginer une horloge dessinée sur sa selle et de contrôler son poids comme une main règlerait l'horloge : en arrière sur le 6, en avant sur le 12, à droite sur le 3 et à gauche sur le 9. Tâchez de vous rappeler, lorsque vous utilisez cette image, que les ischions se situent à environ 10 cm l'un de l'autre et ont une longueur approximative de 4-5 cm. Par conséquent, la surface de la base où se font les mouvements circulaires est très petite et les changements s'effectuent dans une fenêtre de quelques centimètres.

Quelle que soit votre image préférée, vous devez vous souvenir que la pression que vous

les (« plus léger ») pour le cheval. Et il est possible de répartir votre poids de façon différente sur toute la surface de votre assiette. Le principe suivant s'applique toujours : lorsqu'il monte en dressage, le cavalier s'assure à travers la répartition de son poids qu'il maintient toujours sa position et la sensation d'être en posture verticale.

Exercice « Transfert de poids »

Placez vos deux mains sous vos fesses, et vérifiez que votre poids est réparti de façon égale de chaque côté. Puis, bougez le plus possible le haut du corps, pliez la hanche, penchez-vous sur un côté, penchez-vous selon une courbe imaginaire, glissez d'un côté. Comment la pression au niveau de vos mains se modifie-t-elle ? Pouvez-vous sentir les deux ischions en même temps ? Est-ce que le poids se déplace de l'autre côté dans certaines conditions ?

Hormis le fait qu'une mauvaise répartition du poids rend la situation un peu drôle et déséquilibre le cavalier, le cheval en conséquence reçoit des impulsions involontaires et en partie contradictoires. L'exercice ci-dessus peut se faire sur un ballon de gymnastique et en selle :

relâchez sur un côté placera un poids équivalent de l'autre côté. S'asseoir en suivant le mouvement signifie bouger le bassin de telle sorte que vous soulagez toujours le muscle du dos du cheval qui est en train d'être contracté (sommet de la vague). Au même moment, le bassin bascule dans l'autre direction (dans le creux de la vague) et entraîne une augmentation de poids. De nos jours, il est difficile d'exécuter le bon mouvement du bassin car les muscles abdominaux ont perdu leur signification dans nos vies modernes – et

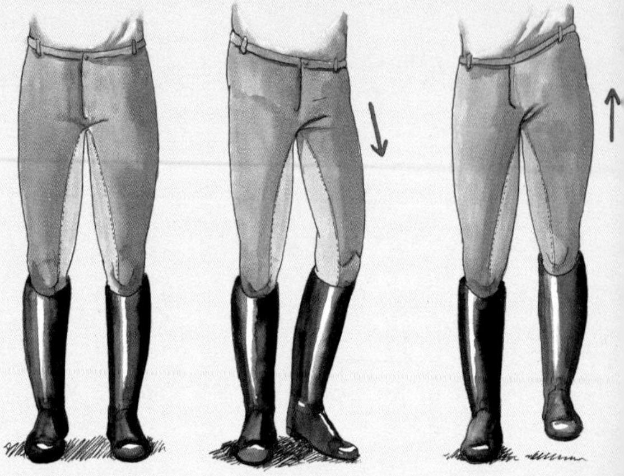

Un bon exercice pour le bassin : l'incliner d'un côté puis le relever énergiquement.

Exercice « Transfert de poids unilatéral »

Profitez de la prochaine fois que vous faites la queue. Appuyez-vous sur le chariot, par exemple écartez vos jambes de manière que la distance entre vos pieds corresponde à peu près à la largeur de vos épaules, et répartissez votre poids de façon égale. À présent, pliez légèrement un genou puis tendez-le à nouveau. Pendant que vous faites cela, observez le mouvement de réaction de votre bassin. Cela vous fait comprendre de quels muscles nous parlons. Puis inversez les mouvements. Maintenant, le bassin ne s'affaisse plus sur les genoux, mais au lieu de cela est soulevé par les abdominaux. Bien sûr, vous devez répéter l'exercice avec l'autre jambe !

Une fois que le mouvement devient facile et automatique, vous pouvez commencer à l'amplifier. À présent, tenez-vous debout sans appui, et levez votre bassin non seulement de côté mais aussi en l'inclinant vers le haut et en avant. Relâchez-vous et reposez la jambe au sol. Répétez ce mouvement plusieurs fois puis faites-le avec l'autre jambe. Soyez satisfait si vous arrivez à effectuer un mouvement d'un centimètre ! Il est mieux de faire un petit mouvement correct plutôt qu'un plus grand qui sera réalisé en premier lieu grâce aux muscles qui l'assistent (dos, fesses, jambes).

comment contracter des muscles si vous ne savez pas qu'ils existent et où ils sont situés ?

Comment vous tenez-vous quand vous faites la queue à un guichet automatique ? Vous tenez-vous droit avec votre poids réparti de manière égale sur vos deux jambes, ou soulagez-vous une des deux jambes ? C'est à ce moment que vous avez besoin de vos abdominaux.

Lorsque vous vous remettez en selle, remémorez-vous les muscles avec lesquels vous vous êtes familiarisé de cette façon. À présent, utilisez-les soit directement, soit par l'image de « pédaler sur un vélo avec les pieds en canard ». Après cette expérience corporelle, testez aussi l'image de l'horloge et à présent déplacez votre centre de gravité à l'aide des abdominaux.

Lorsque vous tracez des cercles, que vous faites des virages, ou que vous êtes au galop, il ne suffit pas de simplement relâcher ou exercer une pression alternativement de chaque côté. Dans ces situations, votre poids doit être utilisé de façon croissante sur un seul ischion. Pour ce, maintenez aussi votre position de base dans votre selle. Pour utiliser une aide légère du poids, tournez simplement la tête dans la direction vers laquelle vous

Lorsque vous tournez, vos yeux suivent la nouvelle direction et vous effectuez une légère rotation de l'assiette.

Le poids se balance en arrière, le haut du corps reste droit.

désirez aller. Plus le virage devient serré, plus vous accentuez cette aide en bougeant tout le haut de votre corps dans la même direction. L'épaule extérieure se déplace légèrement vers l'avant, pendant que l'épaule intérieure, elle, bouge vers l'arrière. À présent, observez vos ischions! À un certain moment vous « perdrez » probablement votre ischion. Vous le retrouverez en avançant très légèrement la hanche. Ajuster votre assiette de cette façon vous aide à garder votre position sans avoir à bouger, glisser ou vous pencher.

Nous avons introduit l'aide bilatérale un peu plus tôt, dans le chapitre « L'assiette dynamique – la notion d'équilibre ». À présent, ne tirez pas votre bassin obliquement en alternance avec vos abdominaux mais déplacez-le simultanément vers le haut et vers l'avant sans perdre de vue l'arrière des ischions. (Rappelez-vous: ils ne font pas plus de 4-5 cm!) Cela s'appelle l'aide du poids bilatérale.

L'aide des jambes

Les jambes se mettront en place toutes seules si l'assiette est équilibrée et si on utilise l'image intérieure de « debout par-dessus la selle ». Les jambes tombent naturellement à partir des hanches, les mollets touchent partiellement la selle. La relation entre le haut et le bas de la jambe dépend de la morphologie du cavalier et de celle du cheval.

Une aide importante, bien que pas spécifiquement mentionnée, est celle du repos bilatéral des jambes sur les flancs du cheval – un cadre pour la communication entre cheval et cavalier. Le contact consistant et doux des jambes montre au cheval que le cavalier soit exprime une intention, soit tente tout simplement de rester en équilibre.

Les jambes du cavalier encadrent le cheval.

Pour accoler le talon au flanc du cheval, le genou doit être tiré vers le haut et la jambe tournée à un angle peu naturel. Cette position perturbe le mouvement du cheval et du cavalier.

De façon à clarifier cela, l'exercice suivant peut être utilisé.

Exercice « Explorer le mollet »

La prochaine fois que par exemple vous regarderez la télévision, asseyez-vous confortablement dans votre canapé, sur le sol, sur un chaise et examinez avec vos mains la partie basse de votre jambe à partir du genou. Où sentez-vous exactement les parties dures, fermes et plus souples ? Où sont les os, les tendons, les muscles ? Faites des rotations du pied en gardant les mains sur le mollet. Où et comment les muscles changent-ils de forme pendant le mouvement, où est située la masse musculaire, et vers où se déplace-t-elle lorsque les muscles sont contractés ? Quel mouvement devez-vous faire pour que ces muscles ressortent – de la même façon que les biceps ? Et pouvez-vous les contracter sans qu'aucun mouvement ne soit perceptible ?

Exercice « Les jambes encadrent le cheval »

Répétez les exercices du chapitre « Communiquer avec le dos du cheval – ressentir le mouvement » et vérifiez les réactions du cheval lorsque :

- *Vos jambes sont légèrement appuyées contre ses flancs.*
- *Vos jambes sont éloignées de ses flancs.*

Cela suppose tout d'abord que vos jambes suivent le mouvement respiratoire du cheval. Lorsque nous demandons au cheval de marcher, quand nous lui demandons d'effectuer des arrêts ou des demi-arrêts et pour toute communication encore plus emphatique avec lui, nos jambes doivent exercer une pression légèrement supérieure. Et tous les cavaliers savent que les « aides des jambes s'emploient avec les mollets ».

Quand les cavaliers essaient ces exercices, ils sont toujours étonnés par la hauteur à laquelle la masse musculaire des mollets commence.

En règle générale, le mollet peut être employé de façon optimale et avec le moindre effort dans

Attention

« Les aides perturbatrices du mouvement en avant »
Lorsque vous regardez bien de près, les mollets du cavalier semblent être parfois l'extension du talon jusqu'à l'éperon. Cependant, puisque aucun des deux ne touche les flancs du cheval lorsque les jambes tombent naturellement, le cavalier doit remonter les genoux ou plier le bas de la jambe en arrière pour pouvoir utiliser le talon sur le flanc du cheval. Utiliser une aide des jambes dans cette position sera, au mieux, perçue trop tard par le cheval et troublera le flux du mouvement. Cela surprend le cheval et casse son rythme.

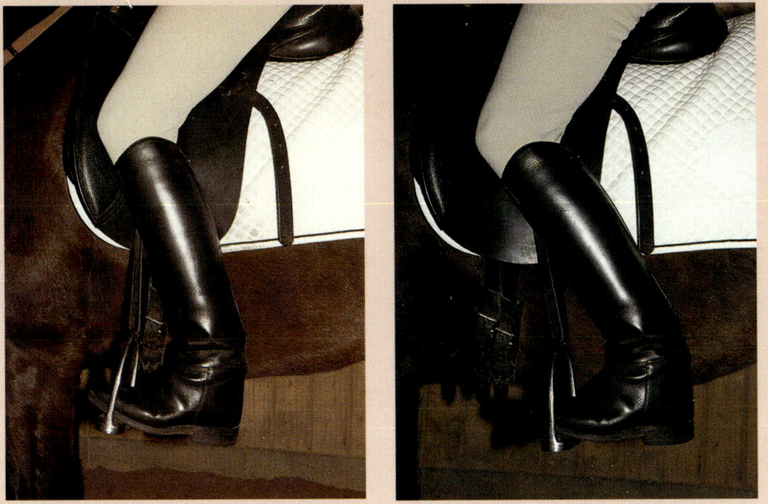

La jambe d'impulsion est placée à la sangle, sous le centre de gravité du cavalier. La jambe isolée est placée à environ une largeur de main en arrière de la sangle.

la position dans laquelle il se trouve lorsque le cavalier est « debout par-dessus la selle ».

Si maintenant un mollet presse le flanc du cheval de manière à donner une impulsion en avant, dans un premier temps le cheval n'essaiera pas de tourner autour de cette jambe mais plutôt de s'en éloigner en se dirigeant de l'autre côté ; moment opportun pour utiliser la jambe isolée. Si le cavalier se déplace dans un espace concrètement limité (par exemple, le long du pare-bottes du manège, de la barrière de la carrière, ou d'une rangée d'arbres bordant un chemin), le cheval ne pourra pas s'échapper. Plus le cavalier acquerra une certaine expérience, plus la jambe isolée mènera à bien sa mission de contrôle de l'arrière-main. Celle-ci recule d'environ une largeur de main en arrière de la sangle, devient une jambe restrictive jouant le rôle de barrière mobile et spécifie le cadre extérieur du mouvement.

Une jambe d'impulsion ne doit jamais être utilisée de manière isolée pour conduire le cheval dans un déplacement latéral et en avant. Elle remplit entièrement sa fonction en étroite relation avec la jambe qui restreint. À l'inverse de la jambe d'impulsion, la jambe isolée restrictive se situe légèrement en arrière. Positionnée ainsi, la pression exercée par le mollet déplace le cheval dans la direction latérale à prendre, déplacement qui doit être aussitôt contrôlé par l'autre jambe qui restreint et qui initie le mouvement en avant. Le cheval se déplace sur une diagonale, en avant et sur le côté, les membres du côté intérieur chevauchant alors ceux du côté extérieur.

Les aides mentales

Nous sommes maintenant capables de diriger notre cheval dans la direction de notre choix grâce à notre poids et à nos jambes. Nous devons apprendre à imposer notre contrôle – au sens propre du terme. C'est un non-sens d'appliquer l'aide latérale de l'assiette pour tourner et de se demander si le cheval va suivre ou pas, ou de se demander que faire s'il ne le fait pas : les signaux que le cheval recevra dans ce cas seront timides et contradictoires. Pour jouer la sécurité, il finira par ne plus réagir du tout.

« Imposer son contrôle » ne veut pas dire employer des aides plus ou moins brutales, mais plutôt ouvrir en grand le chapitre des aides mentales, ce qui n'est pas officiellement reconnu par l'école de pensée de l'équitation traditionnelle. Imposer son contrôle signifie que le cavalier est en complète coordination avec ses intentions. Il se crée une image, par exemple celle de la courbe qu'il veut tracer, se remplit tout entier de cette image, devient la courbe et reflète cette image avec un corps mobile et équilibré. Il veut cette courbe.

Si vous voulez pratiquer cela, soyez serein en vous-même et sur votre cheval. Concentrez votre esprit sur la courbe, sans vous soucier d'où cela vous mènera. Vous pouvez faire cet exercice alors que le cheval marche sans être censé réaliser un effort particulier : moment parfois abrégé ou supprimé car considéré comme une perte de temps. Vous pouvez aussi conclure joyeusement la séance de travail avec cet exercice. Ces moments, durant lesquels le cavalier met généralement pied à terre, peut se transformer ainsi en des rencontres précieuses intensifiant le rapport avec son cheval.

Exercice « Figures de manège sans les rênes »

Pour commencer, nouez les rênes pour vous assurer qu'elles ne glisseront pas sur l'encolure et la tête du cheval. Si vous voulez les garder dans les mains, tenez-les par la boucle d'attache puis tenez-vous à la « dragonne d'urgence » ou au pommeau avec la main qui les tient.

Au début, vous devriez effectuer de simples virages. S'éloigner de la piste en tournant sur deux ou trois pas est considéré comme une réussite ! Un cercle est aussi une figure de manège qui convient bien à cet entraînement. Plus vous serez à l'aise, plus vos figures seront indépendantes. Vous serez capable de tracer des petits cercles et des paraphes où que ce soit dans le manège, des serpentines, des doublers, en restant sur la seconde ou la troisième piste interne. Avec le temps, les figures que vous exécuterez ressembleront de plus en plus aux formes que vous imaginiez. Recommencez toujours immédiatement une figure effectuée sur une main, sur l'autre main. Effectuez les préparations et les réalisations de transition d'une main à l'autre jusqu'à ce que cela devienne de plus en plus fluide et bien planifié à l'avance.

Attention : tandis que vous vous concentrez sur votre façon de monter, gardez toujours un œil sur les autres cavaliers, sinon vous deviendrez vite un danger pour eux !

Les aides des rênes

Ah, effectivement, nous avons failli les oublier. Maintenant nous devons nous poser la question : Si nous ne devons pas nous tenir aux rênes et si le cheval peut se diriger dans n'importe quelle direction sans elles, alors à quoi servent-elles ? Il serait sensé de ne pas utiliser les rênes jusqu'à ce qu'on soit capable de les employer de manière légère. Le cavalier doit toujours être conscient de ce qu'il tient entre ses mains, et doit s'efforcer d'améliorer son équilibre et l'indépendance de son assiette. S'il est en équilibre au pas, au trot et au galop, son bassin absorbe les mouvements du dos du cheval et ses mains sont libres d'entrer en communication avec la bouche du cheval. Les mains du cavalier sont censées absorber chaque mouvement du mors, chaque hochement de tête, chaque changement lié à une position ou une incurvation. C'est

Les mains s'ouvrent et se ferment comme pour essorer un gant de toilette.

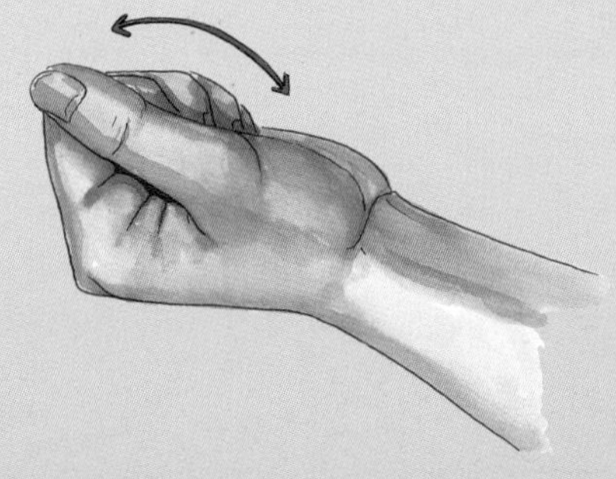

Les coudes appartiennent à la cavalière.

un travail très minutieux, qui consiste à serrer d'abord légèrement les doigts puis à les desserrer, comme si on essorait un gant de toilette.

Parfois, il faut tourner la main entière vers l'intérieur ou vers l'extérieur. Si une rêne devient trop longue parce qu'elle a glissé de la main, il faudra la raccourcir – mais pas en reculant le coude ou l'épaule ! Les coudes tombent naturellement le long des bras à partir des épaules et restent proches du tronc ; ils appartiennent au cavalier – et non pas au cheval !

Reprenez les rênes autant que nécessaire pour sentir le contact avec la bouche du cheval et pour accompagner ses petits mouvements. Jouez avec la tension exercée dans vos mains.

Ces petits mouvements doivent tous passer inaperçus aux yeux d'un observateur. Les mains restent droites et forment une ligne droite, de la bouche du cheval jusqu'aux coudes. Les rênes sont passées à plat entre l'annulaire et l'auriculaire dans le creux de la main fermée. Les pouces forment un toit posé sur les rênes et maintiennent ces dernières fermement.

Imaginez-vous tenir dans chaque main un petit oiseau, que vous ne devez pas laisser échapper mais que vous ne devez pas étouffer non plus !

Attention

« Les coudes appartiennent au cavalier »
Quand vous voyez de temps à autre un cavalier les bras tendus en avant, les coudes dépliés quasiment droits, celui-ci met en danger son équilibre ainsi que sa fixité. Dès que le cheval avancera ou baissera le nez brusquement, le cavalier sera tiré vers l'avant sans merci.

Les mains de la cavalière, vues de profil et vues par la cavalière.

Exercice
« L'autre bout des rênes »

Demandez à une personne de tenir l'extrémité d'une rêne, d'une longe ou d'une corde fine. Vous-même devez tenir l'autre extrémité, à environ un mètre de votre assistant. L'un d'entre vous commence. En ouvrant et fermant les doigts, il spécifie le mouvement de la rêne, en cédant et résistant, ce qui entraîne la deuxième personne à répondre en ouvrant et fermant ses mains. La rêne entre vous et votre assistant doit être tendue de manière égale, elle ne doit pas sauter, être secouée, ni tirée d'un coup sec. Échangez vos positions. Essayez une communication silencieuse entre les mains. Une personne guide, l'autre suit, puis l'autre personne prend en charge la direction, la première suit et ainsi de suite. Pratiquez toujours cet exercice avec une main, et éventuellement avec les deux.

Néanmoins, l'expérience apprend que, même avec une action des rênes aussi bien préparée soit-elle, même avec une bonne assiette relativement assurée, tout peut tomber à l'eau à l'instant où le cavalier saisit ses rênes. Cela est dû au fait que dans notre vie quotidienne, nous sommes habitués à tout saisir de manière directe, à « avoir le contrôle » de tout ce que nous avons entre les mains et sous les yeux. Nous n'utilisons presque jamais notre corps dans son ensemble

Exercice
« Regardez avec le dos »

Déplacez-vous dans une pièce avec quelques amis, en gardant les yeux fermés. Pouvez-vous sentir si quelqu'un s'approche de vous ? le « sentir » avant de rentrer dans quelqu'un ? sentir quand la personne s'approche ? sentir d'où elle vient, dans quelle direction elle se déplace ?

pour quelque action que ce soit et n'avons pas confiance en nous-mêmes dans cette relation.

Ces exercices sont de simples suggestions. Vous pouvez les adapter comme il vous plaît. Essayez, par exemple, d'imaginer que vous faites la queue et de sentir ce qui se passe derrière vous. Il existe un excellent exercice pour cela

Exercice
« Longez de derrière »

Demandez à une personne de longer votre cheval, ajustez sur votre cheval un surfaix de voltige (ou un surfaix similaire) – et asseyez-vous à l'envers sur votre cheval, face à sa queue. Observez les mouvements de la croupe, les muscles qui ondulent à travers le dos. De temps en temps fermez les yeux et dessinez ce mouvement au plus profond de vous-même.

qui se fait à cheval et que je ne peux m'empêcher de partager (« Regardez avec le dos »).

Vous conserverez une communication avec la bouche du cheval via l'action des rênes qui consiste à prendre et relâcher. La rêne qui résiste est le prolongement de la jambe qui résiste : elle allonge la barrière imaginaire latérale jusqu'à la tête du cheval. Une rêne qui ne cède pas dit au cheval que la communication avec sa bouche a été interrompue, le mouvement des doigts n'agit plus pendant un instant. Par la suite cependant, la main doit encore libérer aussitôt le mouvement.

L'arrêt

L'arrêt complet est utilisé pour amener le cheval à s'arrêter, et ce à partir de n'importe quelle allure. Venir à l'arrêt veut dire que le mouvement entier est rassemblé en un point, comme pour attraper un ballon en l'air. Examinons le processus au ralenti : d'abord, déterminez le point où vous voulez vous arrêter. Barbier propose que le cavalier imagine un précipice en ce point. Prenez une grande inspiration avec le but de vous arrêter en ce point coûte que coûte. Les jambes épousent les flancs du cheval. Expirez et en même temps basculez sur l'arrière de vos ischions. Au même moment, résistez au mouvement dans la bouche du cheval, gardez les rênes toujours fixes pendant un ou deux mouvements de mastication du cheval – pas plus ! – puis relâchez-les à nouveau.

Plus vous parviendrez à faire tout cela simultanément, plus le cheval comprendra clairement vos intentions. Effectuer correctement un arrêt en dressage est une leçon qui demande une concentration extrême, une coordination au niveau de l'assiette et une communication avec le cheval. C'est un mouvement de rassembler. Pratiquez-le une fois que vous aurez acquis une bonne coordination des mouvements avec le cheval et utilisez toujours un minimum d'aides. Il n'est pas indispensable, lors de cet exercice, que le cheval vienne à l'arrêt dans une position fermée – avec ses quatre jambes au carré. Ce qui est important c'est de développer votre confiance dans la communication physique et d'apprendre à parler calmement à votre cheval.

Le demi-arrêt

Le demi-arrêt ne concentre pas les mouvements en un point mais attire l'attention du cheval en créant une « légère perturbation de l'ensemble du mouvement ». Regardons aussi de plus près ce procédé au ralenti. Au lieu de balancer votre bassin de gauche à droite « en pédalant avec les pieds en canard », prenez une attitude neutre pendant un instant et laissez de côté vos pieds en canard. Cependant, avant que le cheval ne saisisse l'occasion de s'adaspter à votre changement de mouvement et donc de ralentir (voir l'exercice du chapitre « Communiquer avec son cheval – ressentir le mouvement »), poussez-le à nouveau en avant. Une aide légère de la jambe avec un mollet augmente l'impulsion qui se traduit par un mouvement en avant en collaboration avec l'aide d'une rêne qui cède. Grâce à cela, vous atténuez la légère action perturbante, qui n'est plus visible de l'extérieur, et vous continuez à pédaler avec vos pieds en canard en harmonie avec le mouvement du cheval.

Le demi-arrêt vous aide à régler finement la communication entre le cheval et le cavalier. Par lui, vous dites au cheval quelque chose du style : « S'il te plaît, écoute-moi », ou : « Il y a une dangereuse couverture qui pend juste en face de nous mais ensemble, nous allons passer à côté en toute sécurité », ou peut-être : « J'ai une idée – es-tu partant ? » Vous pouvez dire aussi : « Viens, on va galoper maintenant », ou simplement de temps en temps : « Eh ! Je suis là avec toi. »

Ressentez-vous la réponse de votre cheval ?

Mise en pages : Ravenstein
Photos d'intérieur : Kristina Wedekind
Dessins : Esther von Hacht

Éditions De Vecchi S.A.
52, rue Montmartre
75002 Paris

Traduit de l'anglais : Sylvie Martel
PAO : Belle Page

Achevé d'imprimer en mars 2007 à Luçon, France,
sur les presses de Pollina - n°L43044C
Dépôt légal : mars 2007
N° d'éditeur : 9929